ERPI # Regarde-moi grandir

Le panda

Un livre Dorling Kindersley
www.dk.com

Traduction française Nathalie Bouchard

Copyright © 2008 Dorling Kindersley Limited, London
pour l'édition originale,
parue sous le titre «Watch me grow - Panda»

© 2008 ERPI, pour l'édition française
au Canada.

5757, RUE CYPIHOT
SAINT-LAURENT (QUÉBEC)
H4S 1R3

www.erpi.com/documentaire

Dépôt légal - Bibliothèque et Archives nationales du Québec, 2008
Dépôt légal - Bibliothèque et Archives Canada, 2008

ISBN : 978-2-7613-2369-7
K 23697

Imprimé en Chine
Édition vendue exclusivement
au Canada.

Sommaire

🐼 Je suis un panda géant

Je suis un ours et j'habite en Chine. J'ai une épaisse fourrure noire et blanche. Je passe la moitié de la journée à manger du bambou. Le reste du temps, je dors ou je joue, comme toi !

Super sens

Les pandas ont un bon sens de l'odorat. Leur ouïe aussi est excellente. C'est pourquoi il est difficile de les apercevoir : ils fuient lorsqu'ils entendent quelqu'un s'approcher.

Les pandas ont un pelage épais et huileux qui les protège du temps froid et humide.

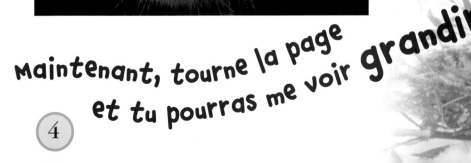

Maintenant, tourne la page et tu pourras me voir grandir...

Ses pattes poilues l'aident
à marcher sur la neige
glissante ou sur les
rochers escarpés.

Ses dents sont assez
résistantes pour
déchiqueter
d'épaisses
tiges de
bambou.

Ma maison

Les pandas vivent dans les montagnes, en Chine, là où poussent les bambous. C'est le seul endroit au monde où on peut les trouver à l'état sauvage. Le bambou est leur nourriture favorite.

Une maison différente

Jing Jing est née au Centre de pandas de Chengdu, en Chine. Son père et sa mère y vivent aussi. Des gardiens en prennent soin.

Le temps de la sieste

Les pandas font la sieste dans des bosquets de bambou ou des cavernes. Les jeunes pandas se reposent dans les arbres.

L'hiver dans les montagnes peut être vraiment froid et enneigé.

🐼 Voici ma maman

La maman de Jing Jing s'appelle Ya Ya.
Dès sa naissance, on a pris Jing Jing pour
la peser et l'examiner, mais on l'a vite
ramenée auprès de sa maman pour qu'elle
en prenne soin.

Quelques faits

· · · · · · · · · · · · ·

🐼 Les mamans pandas donnent naissance à un ou deux pandas à la fois.

🐼 Les petits restent auprès de leur mère pendant au moins 18 mois; certains même plus.

🐼 Il faut environ cinq ans à la femelle pour devenir adulte, alors qu'il en faut plus de sept pour le mâle.

Rien n'éloigne un petit de sa maman!

Premiers jours

Un nouveau-né panda est vraiment petit; il a à peu près la taille d'un crayon! Il naît couvert d'une mince fourrure blanche.

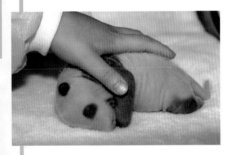

À 15 jours, il n'a pas beaucoup changé. Sa peau est encore presque entièrement rose...

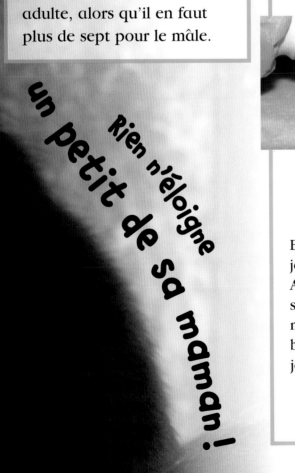

... Mais cinq jours plus tard, on peut apercevoir de la fourrure noire.

En grandissant, je prends du poids. Ainsi, mes gardiens savent que ma maman s'occupe bien de moi et que je mange bien.

J'ai deux mois

À part lorsque la maman habite avec son petit, les pandas d'âge adulte vivent seuls. Les papas pandas ne sont pas présents.

Je ne peux pas marcher encore, alors je reste très près de Maman.

Tout endormi

Les bébés pandas dorment presque tout le temps, comme les bébés humains. Même les pandas d'âge adulte passent près de la moitié de la journée dormir.

Être maman

Ya Ya a d'autres petits plus âgés que Jing Jing et connaît très bien son rôle de maman.

Vers de nouveaux sommets

Je suis une experte pour grimper aux arbres ! Mes bras et mes jambes sont courts, mais forts. Je me suis beaucoup exercée, mais maintenant je peux monter et me tenir seule. Je m'accroche aux branches à l'aide de mes griffes pointues.

Un endroit pour réfléchir

Après cette escalade, il est bon de s'arrêter et de se reposer. Les pandas passent beaucoup de temps dans les arbres, où ils sont à l'abri des prédateurs.

Pendant la saison
de la reproduction,
les femelles pandas
grimpent parfois aux
arbres pendant que
les mâles se battent
au sol pour elles.

🐼 L'heure du dîner

J'ai huit mois maintenant et je commence à découvrir la nourriture solide. L'aliment que je préfère est le bambou et j'apprends à le manger en imitant Maman. Le bambou ne me donne pas beaucoup d'énergie, alors je dois en manger beaucoup. Je passe la plus grande partie de la journée à manger et à dormir.

Quelques faits

❦ Le bambou peut grandir de près de un mètre par jour. C'est beaucoup !

❦ Le bambou peut pousser à de nombreux endroits (chauds, froids, haute ou basse altitude).

❦ Il y a des centaines de variétés de bambou en Chine.

Boire de l'eau

Dans la nature, les pandas habitent souvent près d'un cours d'eau, alors ils ont beaucoup d'eau pour s'abreuver.

Miam-miam, un bon bambou
sucré et juteux!

Les pousses
de bambou sont
la nourriture favorite
des pandas.

 Les jeux des pandas

Les pandas adorent jouer !
Dans la nature, les mères et leurs
oursons jouent ensemble. C'est
ainsi que les petits apprennent.
Les pandas d'âge adulte vivent
et jouent seuls.

Je me balance.

Coucou, je suis en haut !

Jouer et apprendre

Au Centre de pandas de Chengdu, Jing Jing a une structure d'escalade en bambou. Les oursons peuvent s'exercer à grimper tout en jouant grâce à un terrain de jeu aménagé spécialement pour eux.

La vie à Chengdu

Le Centre de recherche et d'élevage des pandas géants en Chine a été créé pour sauver ceux-ci. Actuellement, le centre prend soin de 47 pandas.

Chengdu est situé dans la Chine centrale Le Centre est près de la ville, mais a été construit de façon à ressembler aux forêts, l'habitat naturel des pandas.

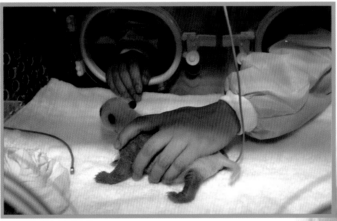

Prendre soin des pandas

À Chengdu, toute une équipe prend soin des pandas. Des vétérinaires surveillent leur état de santé dès leur naissance, et les gardiens doivent, entre autres, nourrir les oursons et jouer avec eux.

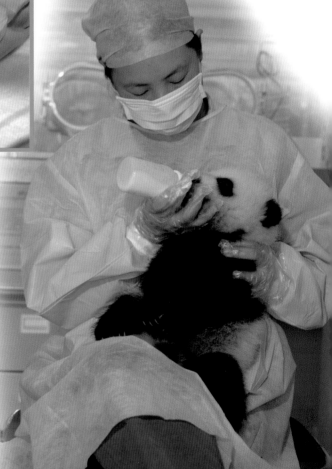

Enclos

À Chengdu, les enclos contiennent tout ce que les pandas aiment, comme des structures pour grimper, une piscine et des jouets. Les pandas adultes vivent seuls, mais les jeunes pandas cohabitent parfois.

Jing Jing

La vedette de ce livre, Jing Jing, est née à Chengdu en août 2005. Elle a été choisie pour être une des mascottes des Jeux olympiques de Beijing.

Jing Jing avait juste un peu plus de deux ans lorsque ce livre a été fait. Elle partage avec deux autres jeunes pandas son enclos et ses gardiens – mais surtout pas son bambou !

19

Élevage réussi

Les pandas géants sont une espèce menacée. Il en reste moins de 1 900 dans le monde. Des endroits comme Chengdu tentent de protéger l'espèce en favorisant la reproduction.

Quelques-uns des 12 pandas nés en 2006.

Éducation

À Chengdu, les visiteurs apprennent sur le panda et sur la façon d'assurer sa protection : prendre soin de notre planète et des animaux avec qui nous la partageons.

Baby-boom

Jing Jing est l'un des 45 pandas nés à Chengdu depuis l'an 2000… et ce n'est pas fini !

Un travail pour la vie

Il y a environ 240 pandas en captivité dans le monde. Ils font partie d'un programme de reproduction pour aider les pandas à avoir des oursons. Jing Jing sera elle aussi maman un jour !

Le cycle de la vie

Maintenant tu sais comment
je suis devenue un panda adulte.

Glossaire

Bambou
Plante
à tige rigide
et creuse.

Fourrure
Pelage épais qui
garde l'animal
au chaud.

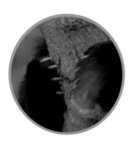

Griffe
Ongle court,
acéré et courbé
de la patte d'un
animal.

Gardien
Personne qui
prend soin des
animaux dans un
zoo ou un centre.

Ourson
Bébé ours
de moins
d'un an.

Prédateur
Animal qui tue
d'autres animaux
pour se nourrir.

Sources des photographies
L'éditeur tient à remercier les personnes et les organismes suivants de lui avoir aimablement accordé l'autorisation de reproduire leurs photographies: (*légende: h = en haut; c = au centre; b = en bas; d = à droite; g = à gauche; a-p = arrière-plan*)

Alamy Images: Steve Bloom Images 1, 6-7; LMR Group 22cgb; Keren Su/ China Span 2-3; Andrew Woodley 5hd; Anna Yu 24cdb. Ardea: M. Watson 22cb. Chengdu Research Base www.pandaphoto.com.cn: Zhang Zhihe 4cdb, 6cd, 9c, 9ch, 10-11, 11ch, 11cd, 11hg, 12, 13cgh, 13cgb, 13d, 13hg, 14bd, 14cg, 14-15, 16, 16hg, 17d, 17hg, 18bd, 18cg, 18hd, 19bd, 19cgb, 19hg, 20-21, 21cd, 21tg 22c, 22cd, 22hc, 22td, 23, 24bd, 24cgh, 24cgb, 24cdh, 24hd. Corbis: Brooks Kraft 22cdb; Phototex/epa 22cg; Reuters/Henry Romero 22hg. FLPA: Gerry Ellis/Minden Pictures 5cgh, 6cgb, 8-9, 9bd, 9tr. OSF: Mike Powles 4cg. PA Photos: AP Photo/Color China Photo 20cg. Photoshot /NHPA: Gerard Lacz 4-5.

Images de la couverture
1er plat: Ardea: M. Watson hg. Getty Images: The Image Bank/Daniele Pellegrini hd; Minden Pictures/Gerry Ellis hd. Back: Alamy Images: LMR Group cgb. Ardea: M. Watson cb. Chengdu: c, cd, hc, td. Corbis: Brooks Kraft cdb; Phototex/epa cg; Reuters/Henry Romero hg. Getty Images: Minden Pictures/Cyril Ruoso/JH Editorial (b/g). Dos: Getty Images: The Image Bank/ Daniele Pellegrini.

Toutes les autres photographies: © Dorling Kindersley
Pour plus de renseignements, voir: www.dkimages.com